AF284564

„Bevor Du urteilen kannst über mich oder mein Leben, ziehe meine Schuhe an und laufe meinen Weg, durchlaufe die Straßen, Berge und Täler, fühle die Trauer, erlebe den Schmerz und die Freude. Durchlaufe die Jahre, die ich ging, stolpere über jeden Stein, über den ich gestolpert bin, stehe immer wieder auf und gehe genau dieselbe Strecke weiter, genau wie ich es tat. Erst dann kannst Du über mich urteilen." (Verfasser unbekannt)

Ingrid Beck

Beschissen bis heiter geht es weiter

Leben und Lachen mit Morbus Crohn

Bibliografische Information der Deutschen
Nationalbibliothek:

Die Deutsche Nationalbibliothek verzeichnet diese
Publikation in der Deutschen Nationalbibliografie; detaillierte
bibliografische Daten sind im Internet über
http://dnb.dnb.de abrufbar.

Foto: Ingrid Beck

Herstellung und Verlag: BoD – Books on Demand,
Norderstedt

ISBN: 978-3-75573-976-0

Inhaltsverzeichnis

Beschissen bis heiter geht es weiter

Wer mit Herrn Morbus Crohn als Untermieter leben muss, erlebt immer wieder Situationen, die andere nur schwer oder überhaupt nicht nachvollziehen können. Manche davon sind durchaus heikel und im Nachhinein lustig, manche machen nachdenklich oder traurig. Manche sind so peinlich, dass man sich sofort atomisieren möchte und nie wieder darüber reden möchte. So geht es mir zumindest. Über manches spricht man, über vieles nicht. Manchmal wünsche ich mir, Herr Crohn wäre eine sichtbare Krankheit. Eine, die andere sehen können. Vielleicht würde mir diese Tatsache das Leben mit ihm manchmal etwas einfacher machen. Es würde mir vielleicht viele Fragen ersparen, mich vor verbalen Verletzungen, die in gut gemeinte Ratschläge verpackt sind, schützen und so mancher Diskussion würde der Nährboden entzogen, weil „gut" auszusehen (wer auch immer das festlegt), heißt nicht, dass es einem auch gut geht. Aber das Leben ist schließlich kein Wunschkonzert und so heißt es für mich beschissen bis heiter geht es weiter in Koexistenz mit Herrn Crohn.

Back to the roots

Ich liebe bei kleinen Kindern den gepamperten Po. Sie sehen so niedlich darin aus, weil sie in dem Alter meist noch total unbeholfen sind und gerade dabei sind, die Welt zu entdecken. Wenn sie noch im Krabbelalter sind, ist der kleine gewindelte Po meist neugierig in die Luft gestreckt. Wenn sie im Winter dick eingemummelt sind, sehen sie mit Windel aus wie kleine Zwetschgenmännchen.

So, jetzt habe ich laut meiner Geburtsurkunde vor Kurzem das halbe Jahrhundert gesprengt, bin aus dem Krabbelalter schon lange draußen und mein Hinterteil ist weder süß noch niedlich, wenn Mr. Crohn so zuschlägt, dass ich Windeln tragen muss. Ich habe einige Zeit in der Pflege gearbeitet und bei erwachsenen Menschen Windeln gewechselt. Das war, bevor Mr. Crohn bei mir eingezogen ist. Und ich dachte mir damals, ja, wenn ich mal alt bin, dann wird mich das vielleicht auch erwarten. Es ist ein komisches Gefühl, Windeln bei einem fremden erwachsenen Menschen zu wechseln und etwas ganz anderes, als bei einem kleinen Kind. Man berührt den Intimbereich eines fremden Menschen und mir war immer wichtig, die Würde dieses Menschen zu achten und zu wahren. Ich habe manchmal daran gedacht, wie es wohl sein wird, wenn ich selbst einmal alt bin und auf dieses

Hilfsmittel angewiesen sein werde. Zu keinem Zeitpunkt habe ich damals daran gedacht, dass dieser schneller kommen könnte, als mir lieb ist. Und ich hätte auch nie gedacht, wie viele Kämpfe es mit mir selbst bedeuten würde. Kurz und gut: Mr. Crohn hat zugeschlagen. Aber richtig. Was bedeutet: Das Haus bzw. meine Wohnung ohne „doppelten Boden" – im wahrsten Sinne des Wortes – zu verlassen ist ein Unding. Und ich kann aber auch nicht mehr tagelang in Einzelhaft sitzen. Ich werde zumindest mal schnell Einkaufen sausen müssen und mal zum Arzt.. Manches kann ich an liebe Freunde und Bekannte abgeben, die mir das Notwendige oder Gewünschte kaufen und dann vorbeibringen - aber leider nicht alles. Schade eigentlich. Ich schleiche um die Windeleinlagen in meinem Badschrank herum wie die Katze um den heißen Brei. Weiß, saugfähig – und leider sehr dick – liegen sie vor mir. Und es ist ja nicht so, dass ich keine Auswahl hätte. Ich habe Höschenwindeln und dicke und große Windeleinlagen. Ich zupfe an einer Einlage und lege sie wieder auf den Stapel zurück. Und mache schnell die Schranktür zu. Eigentlich muss ich ja gar nicht raus. Der Arzttermin ist eine Routinesache, die ich auch ein paar Tage verschieben kann. Also schnell anrufen und einen neuen Termin ausmachen. Ich seufze auf. Der Kelch ist erst mal an mir vorbeigegangen.

Für heute. Aber andererseits: Ich möchte auch mal raus. Einfach vor die Tür und ein paar Schritte gehen. Es muss nicht weit sein, aber einfach mal frische Luft schnappen. Wieder schleiche ich zum Badschrank und öffne die Tür. Meine Güte, was ist schon dabei? Ich versuche, mir selbst Mut zu machen. Mann! Es ist eine Menge dabei. Ich kann meine Körperfunktionen gerade nicht kontrollieren, werde aussehen, als hätte ich einen Arsch wie ein Brauereigaul. Tür schnell wieder zu. Ich könnte es ja erst mal mit einer Einlage versuchen. Nur mal so. Zuhause. Da sieht es ja keiner. Ich suche eine alte und große Unterhose heraus. Meine Güte, das ist echt noch die XXL-Ausgabe von meiner Cortison-Zeit. Puh. Aber gut. Sei´s drum. Jeans aus und XXL-Slip an. Mit Einlage. Erst mal. Jeans wieder an – ich merke, dass sich der Reißverschluss schwerer schließen lässt, so ein Ding braucht offensichtlich doch eine Menge Platz. Ich stelle mich seitlich vor den Spiegel: Wow! Man könnte meinen, ich hätte ein Jahresabo im Sportstudio absolviert. Die Wölbung, die das Ding hinterlässt erinnert ganz leicht – aber wirklich nur ganz leicht – an einen Knackarsch. Ein paar Sekunden später: Vergiss die Nummer mit dem Knackarsch. Jeder wird sehen, dass das eine Windeleinlage ist und rein anatomisch ist an den Stellen ein Muskelaufbau sowieso nicht möglich. Also suche ich im Schrank nach langen Oberteilen. Sehr langen. Also eigentlich schon fast Minikleidern. Lose müssen sie über die Jeans fallen. Gefühlt probiere ich mindestens 100 Oberteile an – in der Realität nur 5, denn mehr habe ich gar nicht. O.k. Eins davon geht. Als ich die ersten Schritte mit dem Ding in der Hose mache, erinnere ich bestimmt an einen Reiter, der zu lange auf dem Pferd gesessen hat und jetzt erst einmal mit O-Beinen staksige Schritte macht. Es ist ungewohnt. Ungewohnt und peinlich. Weil ich weiß, was ich wirklich in der Hose trage. Und ich weiß, dass ich nicht zu lange auf einem Pferd gesessen habe, sondern diese Aktion Mr. Crohn zu verdanken habe. Es dauert echt, bis ich das Gefühl habe, wieder halbwegs normal zu laufen. Und es dauert, bis ich mich damit vor die Tür wage. Gefühlt stiert mir jeder, der hinter mir geht, auf den Arsch und denkt: „Hihihi, die Alte trägt eine Einlage." Tatsächlich ist es überhaupt nicht so. Aber ich muss das echt üben. Das wieder rausgehen mit gepampertem Hintern. Und unberechenbar wie Mr. Crohn nun mal so ist, schlägt er nach diesem Aufwand nicht zu. Und ich weiß noch nicht so richtig, wie lange es dauert, bis ich das Gefühl der Peinlichkeit besiegt habe und sage: Hey, das komische Teil schenkt mir die Freiheit, die ich oft so sehr vermisse.

Lagerkoller

Ich hänge fest. Im Schub, auf der Kloschüssel, in meinem Elend – und in meiner Wohnung. Und ich möchte so gerne mal raus. Einfach mal ein paar Meter laufen, andere Menschen sehen und andere Kulissen. Mal Bummeln gehen, auch wenn ich Shoppen eigentlich hasse. Aber einfach mal in Schaufenster gucken. Oder einfach ein wenig spazieren gehen. Mir tut mein Hintern weh vom vielen Durchfall, ich gehe mal wieder an Krücken, weil das Knie Dank Herrn Crohn mal wieder punktiert werden musste - und ich bin angezickt. Ich komme gerade mal von meiner Liegestatt – wahlweise Sofa oder Bett – ins Bad. Mir tun die Gelenke weh, ich pumpe nach wenigen Metern wie ein Maikäfer und irgendwie ist gerade alles Scheiße. Ich erinnere mich an einen Therapeuten, dem ich mal in der Klinik begegnen durfte. Das war bei meinem letzten Aufenthalt. Stand der Dinge war: Ich wurde im Rollstuhl von A nach B gebracht, weil ich dachte, ich drehe vor Gelenkschmerzen durch. Jede Bewegung war die Hölle und ich hoffte, ich würde um die nächste Cortisontherapie herumkommen. Zusätzlich hatte ich einen Riesenabszess am Schließmuskel, der innerlich bereits auf eine Darmwand drückte und drohte, einzubrechen. Ich war mit meinem Nervenkostüm durch, weil es wieder bedeutete, es muss operiert werden. Also lag ich wieder in meinem Bett und war das heulende Elend. Um mir wenigstens mental zu helfen, durfte ich dann einen Psychologen von einer anderen Abteilung in Anspruch nehmen. Ich konnte nicht mal mehr meinen Kopf richtig heben, also karrte man mich im Rollstuhl zu ihm und schob mich termingerecht in sein Sprechzimmer. Ich war total verheult und hatte keine große Lust auf Gespräche, die jetzt gerade einen weit- und möglicherweise breitgefächerten Horizont erforderten. Ich hatte das Gefühl, mein Körper bestand nur noch aus Schmerz. Jede Faser, jeder Knochen, jeder Muskel, jedes noch so kleinste bewegen war die Hölle. Es war irgendwie rührend, als ich ihm im Rollstuhl gegenüber saß, wie sehr er sich bemühte, mir Mut zu machen und meinen Kampfgeist zu wecken, der gerade mehr als nur träge war. Ich kann mich nicht mehr an so viel erinnern, aber ein einziger Satz ist mir bis heute hängengeblieben: „Wissen Sie was? Erfreuen Sie sich doch einfach an den Dingen, die Sie noch können." Das war der Moment, in dem ich mir wünschte, ich könnte einfach ausholen. Ich hätte ihn in dem Moment erschlagen wollen. Ein wirklich guter Plan. Der arme Kerl konnte nichts für meine Situation und meine Erkrankung und ich glaube, es fiel ihm echt schwer, „passende" Worte zu finden. Ich lächelte ihn damals gequält an und sagte: „Ja, Sie haben recht. Das werde ich tun." Als man mich mit dem Rollstuhl wieder auf mein

Zimmer brachte, dachte ich mir nur: „Sag mir doch bitte, was mir noch bleibt. Ich kann mich nicht mehr ohne mörderische Schmerzen bewegen, bin hilflos wie ein kleines Kind und das einzige, das noch funktioniert ist mein Gehirn. Zumindest halbwegs. An was soll ich mich denn noch festhalten? Was kann ich denn noch tun? Außer drauf hoffen, dass die Schmerzen bald weniger werden." Nach jedem Schub fühle ich mich wie bei einem Spiel, das mich zurück auf „Los" wirft. Und jedes Mal ist es ein Kampf, mir mein Leben wieder zurückzuholen. (Oder zumindest das, was von ihm noch übriggeblieben ist.) Von dem ich nie weiß, wie lange er dauern wird. Und der Lagerkoller tritt außerdem noch ein. Dabei ist es egal, ob ich im Krankenhaus oder zuhause bin. Wenn ich das Gefühl habe, ich bin irgendwo gefangen, dann werde ich sauer. Wenn ich mich nicht bewegen kann, fühle ich mich nicht frei – und auch das macht meine Laune nicht besser. Dann fühle ich mich wie in Einzelhaft, eingesperrt mit gestrichenem Freigang. Kurioserweise sind das auch Phasen, in denen ich mich zurückziehe. Wahrscheinlich wäre es tausend Mal „richtiger", Freunde einzuladen und einfach mal zu quatschen. Ich mache genau das Gegenteil. Rückzug ist angesagt, weil das für mich Phasen sind, in denen ich selbst zu müde und kaputt für Gesellschaft bin. Ich weiß ganz sicher, dass meine

Freunde niemals ein Problem damit hätten, mich zu besuchen, wenn es mir beschissen geht. Sie würden Essen mitbringen, Trinken, sie würden alles geben, um mir jeden Wunsch zu erfüllen. Aber ich mag nicht. Wahrscheinlich ist es auch schwer, meinen Rückzug zu erklären oder zu verstehen, aber ich kann dann einfach nicht anders. In mir streiten dann oft über Tage zwei Parteien. Die eine – die positive von beiden: „Mensch, heute hast Du gar nicht so gekeucht, als Du aufgestanden bist und ins Bad gegangen bist. Das ist doch echt ein Fortschritt." Die negative – oder zynische – sagt dazu: „Halt einfach die Klappe. Das Leben könnte so schön sein und Du bist unfähig, Deinen Hintern wie jeder andere zu bewegen." Ich sag ja, Lagerkoller…

Und wieder mal „all inclusive"

Es ist mal wieder soweit. Ich merke es, nein *ihn*, als ich gerade im Auto sitze. Er tut weh, als ich mich vorsichtig auf dem Fahrersitz bewege. Bitte, bitte nicht schon wieder. Ich bin gerade auf dem Weg zur Arbeit und mir kommen die Tränen, die ich nicht unterdrücken kann. Vorsichtiges Hin- und Herrutschen auf dem weichen Sitz bestätigen meinen Verdacht. Ich habe wieder einen Abszess. Eindeutig. Direkt am Schließmuskel und dieses Mal hat er sich eine richtig beschissene Stelle ausgesucht. Ich traue mich auf Arbeit schon gar nicht mehr zu sagen, was wieder los ist, denn so langsam aber sicher werden meine Fehlzeiten zu einem echten Problem. Die Schmerzen werden innerhalb der nächsten Stunden so schlimm, dass ich nicht mal weiß, wie ich vernünftig laufen soll. Scheiße, Scheiße, Scheiße! Ich bin heilfroh, als ich von der Arbeit komme und erst einmal zuhause bin. Allerdings löst das alleine mein Problem auch nicht. Vorsichtig taste ich nach dem Knubbel, der minütlich zu wachsen scheint. Er ist groß. Ziemlich groß. Also eigentlich sehr groß. Und er liegt wieder tief. Zu tief, um zu hoffen, dass er von selbst aufgeht. Es ist zum Kotzen! Und ich bin es leid. Frustriert schmeiße ich ein paar Klamotten in meine Tasche und meine Kosmetikasche mit Duschgel, Shampoo und Haarbürste. Mehr brauche ich für zwei, drei Tage nicht. Als ich mich auf den Weg ins Krankenhaus mache, bin ich unendlich traurig. Gerade seit ein paar Tagen ist die letzte Wunde – vorne – verheilt und es hört und hört einfach nicht auf. In der Notaufnahme freundliches Wiederkennen meiner Person. Ich darf stehenbleiben – sitzen tut einfach nur noch höllisch weh. Innerlich winsele ich nur noch um Erlösung bzw. um eine schnelle Operation. Im Wartezimmer brauche ich mich gar nicht setzen, sondern ich schlurfe lieber hin- und her, heimlich Stoßgebete absetzend, dass ich möglichst schnell von den Schmerzen erlöst werde. Endlich werde ich aufgerufen und darf in eins von vielen Untersuchungszimmern in der Notaufnahme. Ich denke kurz darüber nach, wann ich das letzte Mal etwas gegessen habe – o.k. 6 Stunden kommen hin, getrunken hab ich auch nichts mehr. Also rein theoretisch: Aufklärungsbögen unterschreiben, warten bis ein Operationssaal frei ist und los geht's. Wer mit Herrn Crohn sein Leben teilt, gewöhnt sich irgendwann das ab, was man Schamgrenze nennt, weil bei mir Abszesse grundsätzlich und generell in Regionen auftauchen, die unter meinem Slip zu finden sind. Also gut, zugegeben, das mit dem Abgewöhnen der Schamgrenze – daran arbeite ich zeitweise auch noch. Es kommt auch irgendwie auf mein Gegenüber an. Ich versuche immer, möglichst normal und locker damit umzugehen, aber immer gelingt es mir auch nicht. Und wenn ich Schmerzen habe, die sich in jeder Sekunde in mein Kleinhirn hämmern, dann werde ich sowieso schnell zickig und unleidlich. Zickig werde ich übrigens auch, wenn ich Angst habe und obwohl ich jetzt unzählige Operationen hinter mich gebracht habe, bin ich noch weit davon entfernt tiefenentspannt von meinem Krankenhausbett auf die OP-Trage zu krabbeln. Ich komme so langsam an den Punkt, an dem mir alles egal wird – Hauptsache, der Abszess wird aufgemacht und die Schmerzen sind vorbei. Natürlich tut es hinterher auch weh (welch Wunder, wenn sich ca. 1,5 Meter Jodstreifen in der Wunde befinden und man sich fühlt wie ein Truthahn zu Thanksgiving). Aber mit den Schmerzen kann ich gut umgehen und finde, sie sind quasi nichts im Gegensatz zu den Schmerzen vorher. Manchmal gibt es Fachgerangel, welche Fachabteilung denn für mich zuständig ist. Manchmal entscheidet quasi ein Zentimeter über Gynäkologie oder Chirurgie. Als ich immer Zimmer in der Notaufnahme liege (oder es zumindest versuche), überlege ich, wie oft ich schon in dieser Klinik und in diesem Zimmer war. Eine Krankenschwester schaut kurz herein, holt für einen anderen Patienten Unterlagen ab. Ich warte und rutsche auf der Liege herum, vielleicht finde ich ja doch noch eine Position, in der ich es länger als ein paar Sekunden aushalte. Es ist zum Verzweifeln. Jede noch so kleinste Bewegung tut einfach nur höllisch weh. Und ich warte einfach nur auf Erlösung. Endlich! Die Tür geht auf und hereinkommt – ein junger russischer Arzt! Jackpot! Das mit meiner Schamgrenze muss ich echt noch mal überdenken. Obwohl ich ja eigentlich dachte, ich hätte das schon ganz gut im Griff. Eigentlich…

Mein unsichtbarer Begleiter

Wer mit Herrn Crohn sein Leben „teilen" muss, ist ja irgendwie nie alleine. Er ist der stille, stete und unsichtbare Begleiter. Manchmal wünsche ich mir, er würde sich anders zeigen, sich „sichtbar" machen wie ein blauer Fleck oder ein Gipsbein. „Ihn" sehen kann man aber nie, aber manchmal seine Folgeerscheinungen in Form von meiner gerade etwas dickeren oder dünneren Figur – je nachdem wie aktiv er gerade ist. Und je nachdem, ob und wieviel Cortison mal wieder angesagt ist. Aber Herr Crohn agiert lieber immer im Stillen und tobt sich in meinen Innereien aus. Ich lebe jetzt so viele Jahre mit der Erkrankung und manchmal bin ich einfach müde geworden zu erklären, warum es mir ausgerechnet heute Scheiße geht, wenn ich doch äußerlich „gesund" und „gut" aussehe. Ich bin selten bleich wie ein weißes Bettlaken, vielleicht machen andere Menschen es meiner Gesichtsfarbe fest, ob es mir gut oder schlecht geht. Es gibt so viele Krankheiten, die man jemandem nicht ansehen kann und das bedeutet doch noch lange nicht, dass es jemandem gut geht. Ich laufe normal, zumindest, wenn Herr Crohn – oder irgendwelche Nebenwirkungen von Medikamenten gerade nicht meine Gelenke attackieren. Würde es mein Leben einfacher machen, wenn Herr Crohn „sichtbar" wäre. Manchmal denke ich ja. Denn ich finde, immer wieder auf´s Neue erklären zu müssen, warum ausgerechnet heute ein Treffen oder ein Kinobesuch nicht möglich ist, erschöpft. Und ich mag nicht immer wieder ein „Nein" erklären müssen mit warum, wieso, weshalb. Manchmal wünsche ich mir einfach ein bisschen mehr Verständnis. Aber ich merke auch, wie schwer es ist, diese Krankheit jemandem irgendwie nahe zu bringen, der sich mit ihr noch nie wirklich beschäftigt hat. Irgendwie scheinen viele Menschen den Gedanken zu haben: Sieht gut aus – ist also gesund.

Wie will man auch jemandem erklären, wie anstrengend es manchmal ist, mir Herrn Crohn zu leben. Wie viel Kraft es kostet, gerade in einem Schub zu sein und gefühlt mehr Zeit auf der Toilette zu verbringen als anderswo. Wie müde es macht, keine Nacht schlafen zu können, weil man entweder auf Toilette muss oder Medikamente schlafen unmöglich machen. Dass man manchmal im Stehen einschlafen könnte und jeder Handgriff im Alltag eine einzige Herausforderung ist. Dass das Durchbeißen durch einen Schub wie ein einziger Marathon ist und das Ziel „Remission" heißt. Dass sie verbunden ist mit Schmerzen, die einem manchmal schier die Wände hochgehen lassen. Und dass man sich manchmal fühlt wie in Einzelhaft, weil man entweder von der Toilette nicht runterkommt und sich nicht traut, die eigenen vier Wände zu verlassen oder so müde und kraftlos ist, dass jeder Schritt mehr über die eigenen Grenzen geht.

Auch Ratschläge sind Schläge

Wenn ich bis heute eines hasse, dann sind es gutgemeinte Ratschläge von Menschen, die irgendwo irgendwann mal „Morbus Crohn" gelesen haben und nun meinen, sie könnten mir hilfreiche Ratschläge geben, damit es mir schnell besser geht. Ganz am Anfang haben mich Aussagen wie „Du musst einfach anders essen!", „Du musst das so und so machen!" und so weiter und so weiter einfach nur wütend gemacht. Dann kam die Zeit, in der ich solche Aussagen nur noch zähneknirschend hingenommen habe, weil ich keine Lust mehr hatte, mich stundenlang zu erklären, warum und weshalb ich heute nicht kommen kann, ich nichts essen mag oder zu viel esse, weil ich auf Cortison ein halbes Schwein, ein Beet Kartoffeln und ein Pfund Salat auf einmal verschlingen könnte. Heute nehme ich Ratschläge mit einer gewissen Ignoranz wahr und spare mir die Energie und Zeit für Erklärungen. Ich halte heute den Menschen, die mir Ratschläge zuteil-werden lassen zugute, dass sie es ja eigentlich nur gut meinen. Aber es ist schon komisch, ich finde, an dem Spruch aus dem Volksmund „Auch Ratschläge sind Schläge" ist so viel Wahres dran. Jeder von ihnen tut ein kleines bisschen weh. So, als ob man sich noch nicht genügend mit der Erkrankung beschäftigt hätte, nach vielen Jahren nicht selbst wüsste, was einem gut tut und was nicht. Manchmal habe ich eigentlich gutgemeinte Ratschläge als stille Vorwürfe empfunden, auch wenn sie oft bestimmt nicht als solche gemeint waren. Es mag vielleicht auch tagesformabhängig sein, wie ich damit umgehe. An manchen Tagen fällt mir ein lockerer Spruch auf solche Aussagen wesentlich leichter als an anderen. Da habe ich mich dann oft persönlich angegriffen gefühlt, so, als ob ich mich verteidigen müsste, weil ich nicht so funktioniere wie ein gesunder Mensch und eben einfach chronisch krank bin. Und manchmal hatte ich das Gefühl, dass mir unterstellt wurde, nicht „alles" versucht zu haben, damit es mir besser geht. Ich weiß auch ehrlich gesagt nicht, ob man jemals den Tag hat, an dem einen gut gemeinte Ratschläge sprichwörtlich ganz am Hintern vorbeigehen. Manche Aussagen sind hängengeblieben, nicht nur in meinem Gehirn, sondern auch in meiner Seele. Manchmal waren es nur kurze Sätze, die bestimmt nicht so gemeint waren – die aber dennoch irgendwie Schläge waren. Ich gebe zu, ich habe nicht Berge von Literatur zum Thema Morbus Crohn gewälzt, weil ich nach der Diagnose schnell gemerkt habe, dass wir hier nicht von einer Erkrankung sprechen, gegen die es *das* ultimative Medikamente oder *das* genau richtig Verhalten gibt. Jeder von uns ist anders und bei jedem von uns zeigt sich Herr Crohn auf seine ganz eigene Weise. Und jeder von uns muss – leider – seinen ganz eigenen Weg und mit Hilfe von Ärzten seine ganz eigene Therapie finden, was oft ein langer und steiniger Weg ist.

Jeder Tag ist ein neuer Tag

Manchmal hänge ich echt fest. Entweder auf der Kloschüssel oder in meinem Verstand. Wenn ich mal stärkere Bauchschmerzen habe als die, die für mich „normal" sind, macht sich oft sofort Panik in mir breit. Und mein Gedankenkarussell fängt sich an zu drehen. „Kommt ein neuer Schub?" „Ist das ein neues Gesicht von Herrn Crohn? Eins, das ich noch nicht kenne?" „Vielleicht habe ich nur etwas gegessen, das ich nicht vertragen habe." Dann versuche ich Antworten zu finden, zu denen ich nicht mal mehr eine Frage habe, weil in meinem Kopf ein komplettes Wirrwarr ist. Ich bin wild entschlossen, Herrn Crohn nicht die Macht zu überlassen, weil *ich* bestimmen will, wer das Sagen hat und wer nicht. Und er ist es ganz bestimmt nicht. Eigentlich. Und dann erwische ich mich, dass ich mich gerade im Turbogang verrenne. In meinen Ängsten, in meinen Gedanken, in meinem „Was wäre wenn…" Und damit Herr Crohn das Sagen hat und nicht ich. Also wenn man es realistisch betrachtet. Aber hängt man erst mal fest in seiner Gedankenspirale, dann ist es schon Wahnsinn, was sich dann im Kopf abspielt. Sämtliche Krankenhausaufenthalte fallen mir ein. Die übelsten Situationen (die lustigen nie) und manchmal habe ich das Gefühl, dass ich von meinen eigenen Erinnerungen geradezu erschlagen werde. Ich versuche, mir einfach andere Fragen zu

26

stellen. So nach dem Motto: „O.k. Jetzt bleib erst mal ruhig. Wie oft hattest Du einfach nur Bauchschmerzen, ohne dass ein neuer Schub gekommen ist." Ich muss zugeben, oft. Sehr oft. Und idiotischerweise bedeuten ja diese ganzen Gedanken auch wieder irgendwie Stress. Und Stress mag Herr Crohn ja auch wieder nicht. Manchmal hänge ich fest wie in einem Hamsterrad, das sich immer und immer schneller dreht. Ich wünschte, an solchen Tagen gäbe es einen „Off-Knopf", der das Hirn erst mal ausschaltet. Manchmal stelle ich fest, dass ich im Laufe der vielen Jahre, die ich mit Herrn Crohn teile, ruhiger geworden bin. Zumindest ein bisschen. Nicht mehr so furchtbar in Panik verfalle wie noch vor einigen Jahren, wenn es im Bauch mal zwickt oder sticht. Es ist heute ganz bestimmt nicht so, dass ich nicht darüber nachdenke, aber es ist anders geworden. Vielleicht kann man es auch Gelassenheit nennen. Manche Tage sind einfach so wie sie sind. Und eigentlich ist es egal, was ich wann gegessen habe und ich muss mir deswegen nicht den Kopf zerbrechen. Manchmal hilft es einfach, die Situation genauso anzunehmen wie sie ist, ohne in Panik zu verfallen und sie zu akzeptieren. Wenn ich heute manchmal daran denke, wieviel Zeit ich schon mit Gedankenkarussell verbracht habe – da kommt einiges zusammen und erinnert an eine

Dauerfahrkarte. Heute gelingt es mir vielleicht öfter als früher, die Dauerfahrt meines Gedankenkarussells zu unterbrechen, aber ich bin gefühlt noch Galaxien davon entfernt, es schnell zu unterbrechen, wenn ich merke, dass mit mir irgendetwas nicht stimmt. Und letztlich glaube ich, es liegt einfach daran, dass Herr Crohn schon so viel Kraft gekostet hat, ich nicht weiß, wieviel er noch kosten wird und ich einfach Angst habe, vor einem so schlimmen Schub, wie ich ihn bereits zwei Mal hatte.

Mein Schneckenhaus

Ich liebe Schneckenhäuser. Sie haben mich schon als Kind fasziniert. Bergeweise habe ich sie damals gesammelt und ich war begeistert davon, wie unterschiedlich jedes einzelne Schneckenhaus aussieht. Als Kind hab ich mir oft überlegt, ob so ein Schneckenhaus der Schnecke nicht zu schwer sein könnte und sie deshalb so langsam ist. Bis ich herausgefunden habe, Schnecken ohne Haus sind auch nicht schneller. Noch heute mag ich Schneckenhäuser und sie haben eine ganz besondere Bedeutung für mich. Und ich habe ein eigenes Schneckenhaus, in das ich mich zurückziehe, wenn es mir schlecht geht. Dann mag ich keine Telefonate, keine sozialen Netzwerke, kein Geschnatter um mich herum, sondern einfach nur „mein" Schneckenhaus. Ich habe im Laufe der Jahre gemerkt, dass mir einfach nur Ruhe im Schub hilft. Der Schub an sich ist schon anstrengend genug, da brauche ich irgendwie nichts von außen. Viele in meinem Umfeld können das leider nicht verstehen, denken, sie hätten etwas falsch gemacht, weil ich mich dann weder telefonisch noch elektronisch melde. Und wahrscheinlich habe ich schon einigen lieben Menschen auf den Schlips getreten, weil ich „abgetaucht" bin. So ein Schub kostet Kraft. Viel Kraft. Und ich versuche dann immer, das Außen so weit wie möglich dort zu lassen. Im Außen

29

nämlich. Aber das ist gar nicht so einfach zu erklären. Schübe - also zumindest meine - kündigen sich nicht wochenlang vorher an. Und ich verschicke auch keine Rundmail mit dem Inhalt: „Achtung, Achtung! Neuer Schub im Anzug. Tauche ab. Melde mich, wenn ich wieder fit bin!" Oder so ähnlich. Ich merke aber auch, ich bin im Schub wesentlich empfindsamer und leider auch empfindlicher als im „Normalzustand". Ich bekomme superschnell Worte in den falschen Hals, bin total verletzlich und unter Schmerzen leider auch zickig. Da ich das aber weiß, bevorzuge ich dann den Rückzug, in dem ich mir dann die Ruhe gönne, die ich so dringend brauche. Und ich kenne auch meine Stimmungsschwankungen, die manchmal so schlimm sind, dass ich zu mir selbst sagen könnte: „Hey, rück mal einen Meter." In diesen Phasen gilt es erst einmal, mich selbst auszuhalten, was an manchen Tagen eine echte Herausforderung ist. Und unter Cortison bin ich das, was man eine wandelnde Katastrophe auf zwei Beinen nennen könnte. Ich schlafe nachts nicht mehr als drei oder vier Stunden, bin nur am futtern – fange oben links im Kühlschrank an und höre rechts unten auf – bin aufgedreht wie ein Eichhörnchen auf Speed und ertrage mich selbst nur noch sehr schwer. Mein Körper fühlt sich wie in einem Dauermarathon an und ich komme nicht nur Ruhe. Ich bin eine bunte Mischung aus „kurz

vor dem explodieren", „hysterischer Kuh" und
„wann kommt der nächste Heulkrampf". Und
innerlich manchmal so müde, dass ich das Gefühl
habe, ich könnte tausend Jahre schlafen. Und all
das auszuhalten ist – jedesmal im Nachgang – eine
Leistung, von der ich manchmal selbst staune, dass
ich sie vollbracht habe.

Sei gut zu Dir selbst

Irgendwie habe ich immer wieder ein Problem damit, gut zu mir selbst zu sein. Und irgendwie fällt es mir immer viel leichter, zu anderen gut zu sein, aber zu mir nicht. Obwohl ich sagen muss, dass ich zwischenzeitlich immer öfter gut zu mir selbst bin und mich auch ein „Nein" auszusprechen keine so große Überwindung mehr kostet. Im Gegensatz zu früher. Aber gerade, wenn ich mich mal wieder im Schub befinde, fühle ich mich dick, hässlich und ungeliebt. Nicht nur mein Körper leidet, sondern auch meine Seele. Und wenn ich Cortison nehmen muss, dann startet dieser Prozess ziemlich früh. Weil sich leider die Folgen von hochdosiertem Cortison auch relativ schnell zeigen. Auch wenn ich weiß, dass ich mein Mondgesicht und meinen Stiernacken wieder verlieren werde. Irgendwann. Jetzt ist der Scheiß aber erst mal da. Und man kann ihn sehen (also nichts Unsichtbares oder so). Im Schub ist alles anstrengend und ich irgendwie befinde ich mich persönlich dann irgendwie immer im „Durchhaltemodus". Medikamente nehmen, viel Zeit auf dem Klo verbringen, Schmerzen aushalten und alles, was in einem Schub so dranhängt. Aber seltsamerweise habe ich mir in diesen Phasen nie selbst was Gutes getan. Und dafür hatte ich tausend Ausreden. Meine allerliebste war immer: „Das ist viel zu anstrengend." Das ging bis zu dem Tag, an dem ich mir vorgenommen hatte, mir selbst ein paar Minuten pro Tag zu schenken, in denen ich mir selbst etwas Gutes tue. Nur Minuten, keine Stunden. Also ein total überschaubarer Zeitrahmen, wenn alles andere ewig zu dauern scheint. Und ich habe wirklich Dinge gefunden, die mir im Schub gut tun, die körperlich überhaupt nicht anstrengend sind und meiner Seele unendlich gut tun. Ich liebe Baden und ich gönne mir im Schub, wenn es mir richtig Scheiße geht, ein Vollbad (also ich bade auch, wenn ich nicht im Schub bin, aber das ist irgendwie anders). Einzutauchen in warmes Wasser mit Bergen von Schaum und einfach versuchen, zu genießen. Das hilft mir persönlich ungemein und ich habe immer das Gefühl, dass in dieser Zeit alles weit weg ist und selbst die Schmerzen sind im warmen Wasser so gut wie weg. Ich habe wieder angefangen zu lesen. Besondere Bücher. Seelenstreichler. Nichts Aufregendes, nichts, das aufwühlt. Bis heute mag ich keine E-Books und ich brauche immer noch das gute alte Buch in der Hand, in dem ich auch Eselsohren reinknicken kann, damit ich weiß, an welcher Stelle ich aufgehört habe zu lesen. Beim Lesen gehe ich irgendwie immer mit auf die Reise. Und vergesse, dass ich gerade ziemlich in den Seilen hänge. Ich habe wieder die Liebe zur Musik entdeckt, mich erinnert, welche Musik ich früher gerne gehört habe. Musik kann einen tragen. So richtig habe ich das auch erst verstanden, als ich in einem ganz schlimmen Schub war. Sie trägt immer meine Seele in die Welt der Klänge. Es sind keine großen oder anstrengenden Dinge, aber es sind Momente, in denen ich mir selbst etwas Gutes tue. Und ich glaube, dass schöne Dinge einem dabei helfen, damit es einem besser geht. Und vielleicht erinnern sie mich auch einfach daran, dass ich lebe.

Wie ist so ein Schub?

Manchmal fragen mich Menschen: „Du sag mal, wie ist eigentlich so ein Schub?" Kurz und bündig ist er in vier Worten ausgedrückt: Er ist die Hölle. Ich versuche immer, es plastisch zu beschreiben. „Stell Dir vor, Deine Gedärme sind voller glühender Kohlen und zusätzlich rammt Dir einer ein Messer immer wieder in den Bauch." Eine „bessere" Erklärung ist mir bis heute nicht eingefallen. Jedenfalls fühlt es sich für mich so an. Viele glauben, dass man mit Morbus Crohn einfach nur Durchfall hat. Aber bei mir ist es nicht ganz so. Und ich gehe davon aus, auch bei vielen anderen Betroffenen nicht. Zu Beginn eines Schubes setzt erst Durchfall ein, der immer massiver wird. Dazu kommen Bauchkrämpfe und Bauchschmerzen. Und wenn ich Pech habe, sucht sich Herr Crohn auch wieder andere Körperstellen aus, die er terrorisieren kann. Oftmals sind es meine Gelenke, die dann so weh tun, dass selbst einfache Bewegungen zu einer echten Aufgabe weh. Manchmal versuche ich auch, Crohn mit einer Magen-Darm-Grippe zu vergleichen, damit mein Gegenüber eine vorsichtige Ahnung von dem bekommt, wie es sich anfühlt, gar nicht mehr von der Toilette herunterzukommen. Und da viele schon mal einen Magen-Darm-Infekt hatten, ist das wohl auch ein Vergleich, mit dem viele etwas anfangen können. Manchmal habe ich Glück und bekomme einen zumindest beginnenden Schub mit relativ einfachen Medikamenten wieder hin. Wenn es ein „richtiger" ist, dann steht bei mir Cortison als Wunderwaffe auf der Liste ganz oben. Für mich ist es immer wieder auf´s Neue Fluch und Segen zugleich. Ich kann förmlich zusehen, wie innerhalb von Stunden meine Gelenke wieder normale Formen annehmen, die Rötungen und Schwellungen zurückgehen. In meinem Darm beruhigt sich die Lage meist innerhalb weniger Tage. Aber dafür muss ich auch die Nebenwirkungen in Kauf nehmen, die für mich alles andere als einfach ist. Wenn ich zu Beginn eines Schubes mit Cortison anfange, dann weiß ich, dass das wieder ein Prozess wird, der nicht in wenigen Tagen abgehandelt ist, sondern der sich über Wochen oder Monate hinziehen wird.

Heute so, morgen so

Ein fassungsloses „Wieso isst Du Tomaten? Du verträgst doch gar keine." Fragender und gleichzeitig prüfender Blick meines Gegenübers mit eingeschlossen. Und dann nach ein paar Sekunden ein leises: „Das hast Du zumindest gesagt." „Heute schon!" antworte ich mit vollem Mund, in den ich mir gerade ein Stück Mozzarella mit Tomate gestopft habe. Ich liebe Mozzarella mit Tomaten und frischem Basilikum. Da ich mich immer bemühe, ehrlich zu antworten, fällt mir auch keine bessere Antwort ein. Ich weiß auch nicht, warum ich ausgerechnet heute einen Berg Tomaten mit Mozzarella (und Basilikum) reinschaufeln kann und morgen oder übermorgen würde ich nach dem Genuss von einer einzigen Tomatenscheibe 24 Stunden im Bad verbringen. Im Bereich Ernährung und Morbus Crohn ist für mich persönlich die einzig richtige Antwort: Heute so und morgen so. Und ich habe in den vielen Jahren nicht herausfinden können, warum das so ist. Es gibt Tage, da denke ich, so muss es Schwangeren gehen, die eine unglaubliche Lust auf das ein oder andere Lebensmittel haben. Ich muss das dann unbedingt haben. Auch wenn es ganz bestimmt nicht zu den Lebensmitteln zählt, die man auch nur ansatzweise als Crohn-freundlich bezeichnen könnte. Ich weiß, dass ich bestimmte Dinge eigentlich nicht vertrage, esse sie trotzdem und es passiert – nichts. Als ich die Diagnose Morbus Crohn bekommen habe, war ich auf Reha und wurde mit Ernährungslisten förmlich erschlagen. Hier eine Liste, da eine Pyramide, da eine Abhandlung von „Was ist gutes und/oder schlechtes Essen für Crohn-Kranke". Ich habe aber auch gelernt, dass jeder, der diese Erkrankung hat, unterschiedliche Dinge verträgt oder eben auch nicht. Dass ich mir im Schub keine Schweinshaxe reinhaue, versteht sich von selbst. Da bin ich froh, wenn Kartoffelbrei und Möhrchen in mir bleiben und sollte das nicht mehr gehen, dann steige ich auf Babybrei in Gläschen um. Oder auf meine neueste Anschaffung, meinem Smoothie-maker. Aber sobald es mir besser geht, steige ich offensichtlich irgendwie auf „intuitive" Ernährung um. Worauf ich Lust habe, wird gegessen. Wobei ich zugeben muss, manchmal bin ich wie ein kleines trotziges Kind – ich weiß, dass ich etwas nicht vertrage, esse es trotzdem und muss dann eben auch mit den entsprechenden Konsequenzen im Bad leben. Ich mag nicht immer verzichten, sondern auch einfach mal unvernünftig sein. Essen bedeutet für mich so viel mehr als mich damit am Leben zu erhalten. Es bedeutet Genuss, bestimmte Lebensmittel zu schmecken, die Gewürze herauszufinden und es ist jedes Mal etwas Besonderes, etwas wirklich Gutes und

Leckeres zu essen. Weil es eben auch die Zeiten gibt, in denen das alles nicht geht.

Bahn frei!!!!

Ich hab mal wieder eine Runde „all inklusive" gewonnen, weil Herr Crohn mal wieder ordentlich zugeschlagen hat. Und ich habe es zuhause nicht hinbekommen, dass es mir wieder besser geht. Als ich im Krankenhausbett liege, bin ich traurig. Manchmal komme ich mir vor wie der Esel und die Mohrrübe. Immer wenn ich denke, ich hab die Mohrrübe (und damit die Remission) erreicht, dann macht mir Herr Crohn einen ordentlichen Strich durch die Rechnung. Ich habe Angst, vor dem was hier auf mich zukommen mag und ich weiß, man wird mich wieder auf den Kopf stellen, um das Ausmaß des Schubes herauszufinden. Was bedeutet, ich „darf" mich mal wieder auf eine Magen- und Darmspiegelung vorbereiten. Nichts gruselt mich mehr als das eklige Zeug, das ich runterkippen muss, um einen blitzeblanken Darm zu präsentieren. Als die Krankenschwester mir den gefühlten Eimer präsentiert, wird mir schon schlecht. Allein der Geruch treibt mir schon die Schweißperlen auf die Stirn, vom Geschmack mal ganz zu schweigen. Dazu liege ich noch in einem Vierbettzimmer und es ist taktisch extrem unschlau, drei von vier Patienten am nächsten Tag zur Magen- und Darmspiegelung anzumelden, die alle im selben Zimmer liegen. Denn jetzt sitzen – oder liegen – drei Personen mit einem Kübel Abführmittel auf ihrem Nachtschrank auf oder in ihrem Bett. Ich muss nicht lange Hochrechnungen betreiben, um weitere Schweißperlen auf der Stirn zu haben. Wenn drei Leute gleichzeitig mit dem Abführzeug anfangen, dann werden auch alle drei zur gleichen Zeit auf die Toilette müssen. Da das Vierbettzimmer aber nur über ein Bad mit exakt einer Toilette verfügt, verursacht das die ersten Panikattacken in mir. Bevor ich anfange zu trinken, schleiche ich schnell auf den Flur und schaue, wo da die nächste Toilette ist. Vielleicht 20 Meter neben meinem Krankenzimmer ist eine Besuchertoilette. Uffz. Schwein gehabt. Das ist ein beruhigender Gedanke, zu wissen, dass ich ausweichen kann, wenn es hier zum Stau kommen sollte. Also fangen wir alle drei tapfer an, das eklige Zeug zu trinken. Erst einmal passiert gar nichts. Dann geht ein leichtes Grummeln im Bauch los. Und wie befürchtet, setzt bei uns allen beinahe zeitgleich der gewünschte Effekt ein. Am Anfang kann ich noch großzügig meiner Zimmernachbarin den Vortritt lassen. Ich kann mich noch beherrschen. Glaube ich zumindest. Aber ich werde eines besseren belehrt. Ich muss! Und zwar sofort. Und sofort bedeutet sofort! Mir fällt die Besuchertoilette ein, die ich flinken Fußes sofort anstrebe. Gleich geschafft! Ich schnappe schon nach der Türklinke, aber bevor sich in mir das Gefühl breit macht „Ziel erreicht", lässt sich die Tür nicht öffnen. Auch Besucher müssen mal. Was ja auch legitim ist. Aber nicht *jetzt*!!!! Ich hab nur noch einen einzigen Gedanken: Nicht in die Hose machen, nicht in die Hose machen. Ich stürze zurück zu meinem Zimmer, Bad immer noch abgeschlossen. Was für ein Höllenritt! Was soll ich denn jetzt machen? Dann fällt mir ein: Es gibt ja noch mehr Patientenzimmer auf dem Flur. Also hechte ich auf den Flur, rase zum nächsten Krankenzimmer, reiße die Tür auf, stürze in das Bad, verrammle die Tür und kann endlich dem Lauf der Natur bzw. dem Lauf des Abführmittels folgen. Als ich – zumindest für die nächsten paar Minuten – fertig bin, schließe ich auf und luge vorsichtig in das Zimmer. Ich bin in einem Männerzimmer gelandet. Ich werde rot wie eine Tomate und stammle kurz eine Entschuldigung und verlasse das fremde Krankenzimmer. Not macht halt erfinderisch. Und die Männer nehmen es Gott sei Dank mit Humor.

Meine persönliche Bilanz

Nach vielen Jahren leben mit der Erkrankung und nach mehr als reichlich Schicksalsschlägen, habe ich aus allen meinen Erlebnissen meine persönliche Bilanz gezogen, die ich gerne weitergeben möchte. Ich kann ja immer nur von meinen persönlichen Erfahrungen und Erlebinssen erzählen, aber vielleicht findet ja der ein oder andere ja einen kleinen Impuls für sich selbst, was mich sehr freuen würde.

Es geht IMMER weiter, auch wenn Du denkst, es geht nicht mehr. Ich erinnere mich an so viele Momente, in denen ich eigentlich gar nicht mehr weitermachen wollte, weil ich nicht mehr wusste, wie es weitergehen sollte. Meine Erkrankung hat mich so oft an meine Grenzen gebracht, oft habe ich mich als „Grenzgängerin" gefühlt. Schicksalsschläge haben mich alles verlieren lassen. Meine Ehe, mein zuhause, Menschen, die ich geliebt habe. Mit Ende 40 hieß es für mich, bei null, naja, eigentlich noch weniger als null, neu anzufangen. Nach Trennung von meinem Ex-Mann und dem Auflösen der gemeinsamen Wohnung habe ich auf den wirklich allerletzten Drücker habe ich eine möblierte Einzimmerwohnung bekommen, das wenige Hab und Gut, das mir noch geblieben war, schlummert bis heute in einigen Umzugskisten in einem

Kellerraum, den mir ein lieber Freund zur Verfügung gestellt hat. Ja, ich lebe mit 50 Jahren in einer winzigen Einzimmerwohnung unter dem Dach – und bin vielleicht zufrieden wie nie zuvor in meinem Leben. Ich habe herausgefunden, wie wenig ich zum Leben eigentlich wirklich *brauche*. Und das ist eine Erkenntnis, die ich nicht mehr missen möchte. Ich hatte Momente, in denen ich dachte, ich verzweifle an meiner Erkrankung, ertrage die Schmerzen und das Leid nicht mehr – ich habe weitergemacht. Manchmal einfach nur durchgehalten, weil ich ganz tief in meinem Inneren wusste, auch diese Phasen haben ihren Sinn. Auch wenn sie im jeweiligen Moment oft sinnlos erschienen. Im Nachhinein haben sie mich stark gemacht, mich mit Dingen auseinandersetzen lassen, die für andere Menschen vielleicht sehr viele Jahre später auf dem Plan stehen.

Glaube an Dich selbst und wenn Du selbst es nicht mehr kannst, dann wird es Menschen in Deiner Nähe geben, die das für Dich tun. Ja, es gibt diese Tage, an denen einem jeder Glaube an sich selbst fehlt. Es sind die Tage des (Ver-)Zweifelns, des Haderns mit sich selbst, mit seinem Leben und seinem eigenen Dasein. Es gibt die Tage, an denen mir die Kraft fehlt, zum Weitermachen, zum Aufstehen, zum Alltag bewältigen und so vieles mehr. Und immer wieder habe ich festgestellt, dass es Menschen gibt, die an mich glauben. Die wissen, wie stark ich eigentlich wirklich bin und die mich daran erinnern, wenn ich selbst vergessen sollte. Die, die mich daran erinnern, was ich schon alles geschafft habe. Und das Fallen keine Schande ist, aber das Liegenbleiben. Und diese Menschen sind wahrlich mehr als Freunde, sie sind Geschenke.

Zeit ist endlich. Auch Deine eigene. Verschwende sie nicht mit Menschen, die Dir nicht gut tun oder mit Dingen, die Du nicht tun willst. Ich glaube, der Tag, an dem ich dem Sensenmann von der Schippe gesprungen bin, ist bis heute der Tag, an dem es in mir „Klick" gemacht hat. Wenn man sich nicht mehr bewegen kann, heißt das ja nicht, dass man nicht mehr denken kann. Und an manchen Tagen konnte ich nur noch das. Und ich habe über mein Leben nachgedacht, über das, was ich bislang erlebt habe, die Dinge, die ich bis dato getan habe, über die Menschen, die mir bislang begegnet sind. Auf einmal hatte der Begriff „Zeit" eine ganze neue und andere Bedeutung für mich. Als mir das erste Mal der Gedanke kam, dass auch meine eigene Lebenszeit endlich ist, hat sich so viel verändert. Zuerst musste ich weinen, weil ich dachte: „Scheiße, wenn es jetzt vorbei ist, hast Du wirklich gelebt? Wie oft hast Du nur funktioniert? Wie viele Jahre existiert, aber nicht wirklich gelebt? Wann hast Du Dich das letzte Mal wirklich lebendig gefühlt? Spaß gehabt? Gelacht? Warst albern? Wie oft hast Du Dinge getan, die Du nur getan hast, um jemand anderem einen Gefallen zu tun? Oder um andere Menschen nicht zu verletzen?" Auf einmal habe ich verstanden, dass es immer meine eigene Entscheidung ist, was ich wann mit wem tue. Dass ich das Recht habe zu sagen: „Nein!" und meine Lebenszeit mit den Dingen und Menschen zu verbringen, die mir gut tun.

Scheiß auf das, was andere über Dich sagen oder denken, denn niemand ist in Deinen Schuhen gegangen. Es hat furchtbar lange gebraucht, bis ich endlich diesen Punkt hatte. Wie leicht sagt es sich doch „Das kann Dir doch egal sein!". Aber wie schwer ist es, diesen Punkt zu erreichen. Wie oft habe ich, bevor ich irgendetwas gemacht habe, darüber nachgedacht, was jemand anderer über mich denken könnte. Bis ich irgendwann begriffen habe, dass es völlig egal ist, was „andere" von mir denken oder sie von mir sagen. Ich alleine muss morgens vor dem Spiegel stehen und mich ansehen. Und all die Dinge vertreten, die ich getan habe – oder eben auch nicht. Niemand anderem steht es zu, über mein Handeln zu urteilen. Letztlich bin ich selbst mein eigener Maßstab und kein anderer.

Du wächst nicht in Deinen hellsten Stunden, sondern in Deinen dunkelsten. Wenn ich ganz ehrlich bin: Wirklich weitergebracht haben mich nicht die Stunden, die ich fröhlich war, mit anderen unterwegs war oder mit Feiern verbracht habe (wobei ich sowieso nicht der Feier-Typ bin). Wirklich gewachsen bin ich in den Stunden, die so dunkel waren, dass es keinen Funken Licht mehr zu geben schien. Es waren die Stunden, in denen ich mit allem und jedem und vor allem mit mir selbst gehadert habe. Es waren Stunden der Wut, warum ich nicht mehr gesund bin, warum ausgerechnet ich mit so einer beschissenen Erkrankung leben muss. Es waren Stunden der Erinnerung an die Zeiten, in denen ich noch gesund war und alles machen konnte. Aber ich weiß auch, dass mich heute nichts mehr mental so schnell umhaut. Ich habe gelernt, dass ich sehr viel stärker bin als ich jemals selbst gedacht habe. Und vielleicht hat mich das mein Untermieter gelehrt.

Tue jeden Tag mindestens eine Sache – auch wenn sie noch so klein ist – auf die Du stolz sein kannst. Wer mit Morbus Crohn leben muss, für den werden manchmal Dinge, die für gesunde Menschen alltäglich und normal sind, zu einer echten Herausforderung. Selbst der Haushalt ist mir manchmal zu anstrengend geworden und drohte, mir über den Kopf zu wachsen. Das einzige, das mir geholfen hat: Einen Gang zurückschalten und sich auf eine einzige Sache konzentrieren, die ich erledigen möchte. Nicht Fenster putzen, Staubwischen, Saugen und Wischen auf der Liste von oben nach unten abarbeiten, weil das sowieso

47

unmöglich war, sondern nur eine einzige Sache, egal, wie lange sie dauert. Und wenn ich „nur" Staubwische in einem einzigen Zimmer. Und wenn ich Pausen einlege, was für andere Menschen einfach nur lächerlich ist. Wenn ich die Pause brauche, dann mache ich sie. Aber ich bin stolz auf mich, wenn ich diese eine Sache trotz der Tatsache, dass es mir an dem Tag beschissen geht, geschafft habe. Auch wenn es vielleicht niemand anderer verstehen kann.

Kopf oder Crohn

Manchmal frage ich mich, wie groß die Rolle ist, die mein Kopf bei meinem Zusammenleben mit Herrn Crohn so spielt. Ich bin ja jetzt nicht wirklich esoterisch angehaucht oder so. Aber ich bin immer wieder über Aussagen gestolpert, dass der Darm der Sitz der Seele ist, meine Gesundheit darin wohnt und er für mein Wohlbefinden maßgeblich verantwortlich ist. Selbst Emotionen seien in ihm zu finden. Mir ist absolut bewusst, dass ich aus medizinischer Sicht unter der Autoimmunerkrankung Morbus Crohn leide. Aber manchmal denke ich, das ist noch nicht alles. Ich weiß, dass ich ein absoluter „Bauchmensch" bin. Die meisten Dinge, die ich entscheide, entscheide ich zuerst mit dem Bauch. Wenn es sich gut anfühlt und richtig, dann tue ich sie. Und dann erst schalte ich den Kopf ein. Wenn ich heute auf meine Kindheit zurückblicke, dann war ich ein echt pflegeleichtes Kind. Ich habe selten aufgemuckt, habe aber eine wahnsinnig ängstliche Mutter gehabt. Sie lebte ständig in der Angst, mir könnte was zustoßen und je größer ihre Angst wurde, desto größer wurden auch die Unfälle, die mit passiert sind. Als ich volljährig war, war aus mir ein unsicherer, alles andere als selbstbewusster Mensch geworden. Es gab bis dahin tausende Situationen, in denen ich richtig wütend war, aber ausgelebt habe ich diese Wut eigentlich nie. Ich wollte nie jemanden verletzen, nie jemandem wehtun, wäre wahrscheinlich die weltbeste Diplomatin der Welt geworden, war aber nicht in der Lage, einfach mal stinkewütend oder sauer zu sein. Für alles und jeden habe ich eine Entschuldigung gefunden. Selbst für Dinge, die andere Menschen mir angetan und die mir wehgetan haben, hatte ich noch Verständnis. Ich konnte weinen und traurig darüber sein, aber niemals wütend. Und das ist viele Jahre so geblieben. Auch heute passiert mir das noch manchmal, dass ich eigentlich wütend werden sollte, aber stattdessen traurig bin und weine. Aber seit einiger Zeit kann ich so was von Scheißwütend werden, dass die Erde beben kann. Aber ich frage mich schon, was mein Körper – oder meine Seele mit meiner unausgelebten Wut macht. Ob sie sich möglicherweise im Körper manifestiert hat, weil ich sie nicht so herauslassen konnte, wie es für mich gesund wäre. Heute kann ich durchaus im Auto schimpfen wie ein Rohrspatz und auch mal Losbrüllen. Und: Es tut unwahrscheinlich gut. Vielleicht hätte ich das schon viel früher lernen sollen. Leider bekomme ich das nicht mit allen Lebenslagen hin und irgendwie ist es ein hartes Stück Arbeit, nicht immer wieder in die alten Fahrwasser zu geraten und darin unterzugehen. Stress mag Herr Crohn zum Beispiel auch überhaupt nicht. Mit positivem Stress hat er

50

überhaupt kein Problem, mit negativem schon. Obwohl ich es weiß, gerate ich immer wieder mal in die klassische Negativ-Stress-Schleife. Mittlerweile habe ich begriffen, dass ich den Stress nicht ändern oder abschaffen kann, der manchmal um mich herum herrscht. Aber ich kann mein Verhalten ändern bzw. wie ich mit ihm umgehe. Manchmal klinke ich mich einfach ein paar Minuten aus und gehe ein paar Schritte vor der Tür. Ich versuche mich irgendwie, ja, zu „erden" und kann dann ruhiger weitermachen als vorher. Es gibt auch Momente, in denen ich mich Frage, was spielen Ängste in meinem Leben für eine Rolle in Bezug auf Herrn Crohn. Manchmal ist die Angst vor dem nächsten Schub einfach da. Manchmal auch Existenzängste (die ich persönlich allerdings für mit die übelsten und schlimmsten halte). Vielleicht gilt es manchmal einfach, im Moment zu sein. Sich nicht über Dinge den Kopf zu zerbrechen, die passieren könnten. Jeden Tag auf´s Neue.

Glücksmomente

Manchmal ist es schon seltsam, wie sich Dinge im Laufe der Jahre verändern können. Als ich noch sehr viel jünger war und von Herrn Crohn noch keine Rede, hatte ich von dem Begriff „Glück" eine völlig andere Vorstellung als heute. Ich dachte, Glück könnte so etwas wie ein Dauerzustand werden, wenn man dieses oder jenes an „Auflagen" erfüllt. Zum Beispiel ein Haus hat, eine Familie hat, Kinder, sich finanziell keine Sorgen machen muss und irgendwie alles seinen Gang geht. Ich dachte Glück lässt sich irgendwie festhalten. Seit es Herrn Crohn als Untermieter gibt, sehe ich viele Dinge anders. Für mich ist Glück heute ein Moment, von dem ich weiß, er wird nicht lange dauern, aber so kurz er auch ist, er ist so erfüllend, dass ich ihn von ihm lange zehren werde. Er lässt mich mit beiden Armen die ganze Welt umarmen mit dem Gefühl, eigentlich müsste sie kurz stillstehen, weil ich so glücklich bin. Und für wie viele gesunde Menschen wären meine Glückmomente ganz bestimmt banal. Glücksmomente bedeuten heute für mich: Ein Tag, an dem ich mit weniger Schmerzen als üblich wach werde, nicht mehr Zeit auf der Toilette verbringe als woanders, wenn meine Blutwerte sich dem akzeptablen Bereich nähern, auch wenn „gut" noch etwas völlig anders ist. Wenn ich wie geplant weggehen kann und einfach ein paar schöne

Stunden habe. Wenn ich eine längere oder gar lange Strecke mit dem Auto fahren kann, ohne Rast- und Parkplatz-Hopping zu betreiben. Wenn ich mal einen kurzen Zeitraum *ihn* vergessen und einfach leben kann.

Zähne to go

Nichts kostet mich in diesem Jahr mehr Tränen als die kleine blaue Dose, die seit Kurzem bei mir im Bad steht und neuerdings einen Teil von mir beherbergt. Ich wusste, dass irgendwann der Tag kommen würde. Der Tag, an dem ich mehr Zähne verloren habe, als meine eigenen noch mit abfangen könnten und ich hätte nie gedacht, wie weh dieser eine Moment tun könnte. Meine Zähne haben schon immer gemuckt und es gab Phasen, da war ich so oft bei meinem Zahnarzt, dass ich dachte, ich könnte die Praxisadresse auch gleich als Zweiwohnsitz anmelden. Wenn ich im Schub war, dachte ich manchmal, innerhalb von Tagen alle Zähne gleichzeitig zu verlieren, weil sie alle so weh getan haben und ich war jedes Mal heilfroh, dass alle (also die noch vorhandenen) da waren, wenn der Schub vorbei war. Und es waren immer wieder die Backenzähne, die mich gequält haben. Und immer wieder gab es Versuche, die Zähne zu erhalten. Füllungen, Wurzelbehandlungen, ungezählte Stunden auf dem Zahnarztstuhl. Und letztlich gab es doch keine Rettung, weil sie einfach „weggebröselt" sind. Ich werde nie vergessen, wie sehr ich auf dem Zahnarztstuhl geweint habe, weil jetzt der Moment da war, in dem es um Zahnersatz ging. Keine einzementierte Brücke oder so, nein, „Zähne to go". Es nagt so furchtbar an meinem Selbstwert, dass auch meinem Zahnarzt nur noch wenig Tröstliches einfällt. Er lässt mich einfach weinen. Und das ist auch gut so. Ich muss mich jetzt einfach ausheulen. Dann werde ich mich wie immer drei Mal schütteln, die Krone richten und weitermachen. Ich kann mir nach der Hiobsbotschaft nur schwer das Endergebnis vorstellen und das Leben mit den ersten Dritten. Werde ich mich noch trauen zu lachen? Bestimmt wird man etwas sehen. Wie viele werden denken, na, die hat ihre Zähne aber wohl nie richtig gepflegt, sonst müsste sie keinen Zahnersatz tragen? *Das* ist zumindest etwas, das ich mir nicht vorwerfen muss. Ich habe an diesem Status keine Schuld. Sondern das ist letztlich das Ergebnis von jahrelanger Medikamenteneinnahme. Aber wen wird das interessieren? Als ich zu meinem Zahnarzt fahre, um mir mein „Ersatzteil" abzuholen, geht es in der Praxis noch nicht ganz ohne Tränen. Der Zahntechniker hat sein Bestes getan, ohne Frage. Es fällt mir dennoch schwer, den „Status quo" zu akzeptieren. Im Mund fühlt sich alles fremd an und gehört noch überhaupt nicht zu mir. Zuhause führt mich mein erster Weg zum Spiegel. Wieviel und was wird man sehen? Man wird sehen: Winzige kleine Klämmerchen, die meine neuen Zähne halten, die morgens mit mir Aufstehen und abends mit mir ins Bett gehen werden. Erneutes Heulen und die Schwerheit der Akzeptanz.

Schwarz, weiß und grau

Vor meiner Erkrankung gab es gute und schlechte Tage. Irgendwie war es ganz einfach. Es gab genau zwei Kategorien. Gut oder schlecht. Seit dem Einzug meines Untermieters gibt es zwischen einem guten und einem schlechten Tag unzählige Schattierungen. Als ob man zu einem Klecks weißer Farbe schwarz dazumischt und damit unzählige Grautöne erhält. Ein guter Tag ist, wenn ich alles machen kann, was ich mir vorgenommen habe ohne mehr Zeit auf der Toilette zu verbringen als woanders. Ein grauer Tag ist es, wenn ich mir etwas vorgenommen habe, was ich unbedingt erledigen möchte und morgens „Startschwierigkeiten" habe. D.h. ich mache die Augen auf und bevor ich noch richtig denken kann, führt mich mein erster Weg auf das Klo, meist noch mit halbgeschlossenen Augen. Aber ich schaffe es dann immer noch, das, was ich geplant habe, zu erledigen. Graue Tage sind auch die, in denen ich Schmerzen habe, je nach Intensität ist das dann ein hellgrauer oder dunkelgrauer Tag. Ein schlechter Tag ist dann ein schwarzer Tag, an dem es keinen Klecks weiß gibt, weil ich alles, was ich mir vorgenommen habe, nicht machen kann. An dem ich Termine, auf die ich mich schon lange gefreut habe, so kurzfristig absagen muss, dass es kurzfristiger nicht mehr geht. Ein guter und damit ein weißer Tag ist auch einer, an dem ich aufwache und erst einmal wach werden kann, mich strecken kann und mich sammeln, ohne dass ich im Schweinsgalopp im Halbschlaf in Bad rennen muss. Es ist schon verrückt, wie sich im Laufe der Jahre Dinge und Sichtweisen verändern können. Und da im Zusammenleben mit Herrn Crohn kein Tag wie der andere ist, gibt es mittlerweile unzählige Schattierungen von schwarz, weiß und grau. Viele andere, vor allen Dingen gesunden Menschen, werden dieses „Farbenspiel" nicht verstehen können, mir ist es aber wichtig geworden. Weil es mir hilft, so unterscheiden zu können. Und manchmal schenkt einem ein Tag mit einem Klecks mehr weiß als gestern auch eine Menge Hoffnung und Positivität, an dem ich mich an einem grauen Tag festhalten kann.

Dann wollen wir mal wieder

Manchmal ist es zum Kotzen. Es ist Sonntagmorgen und ich merke mal wieder, zum gefühlten hundertsten Male, dass sich ein Abszess oder ähnliches in der Analgegend breit machen möchte. Es ging gestern schon los und es fühlt sich seltsam an. So richtig wie ein Abszess nicht, aber auch nicht normal. Die Schwellung ist warm und nässt. Und es tut unendlich weh. Das sind die Momente, in denen ich immer das Gefühl habe, es gibt zwei von mir. Eine, die sofort in Panik verfällt und die andere, die versucht, einen klaren Kopf zu bewahren und den möglichst kühl zu halten. Abwarten hilft mir nicht weiter, das sagt die Erfahrung. Also Tasche schon mal prophylaktisch packen und seufzend mal wieder Richtung Notaufnahme fahren. Mittlerweile bin ich dort bekannt wie ein bunter Hund und ich brauche auch nicht mehr viel erklären, denn wenn man in der Notaufnahme meinen Namen in den Computer eingibt, erscheint eine Liste lang wie eine Faxrolle mit meinen bisherigen Krankenhausaufenthalten. Eine Ärztin schaut sich alles an und ist derselben Meinung wie ich, man weiß ich genau was es ist, aber raus muss es. Und man wird mich heute, am Sonntag auch noch notfallmäßig von den Schmerzen erlösen. Wofür ich unsagbar dankbar bin. Denn kein Wundschmerz hinterher ist so schlimm wie die

Schmerzen vorher. Da ich schon ahnte, was auf mich zukommt, habe ich nicht gefrühstückt und nichts mehr getrunken, was wiederum die Anästhesistin freut. Da Sonntag ist und der klassische normale „Aufwachraum" geschlossen ist, wird man mich nach der Operation stattdessen auf der Intensivstation zwischenparken. Weil ich auf die Anästhesistin einen so ruhigen Eindruck mache, verzichtet man auch auf die Tablette vorher, die einem alles so herrlich egal macht. Heute gibt's für mich auch keinen Vorbereitungsraum mehr, sondern ich werde direkt in den Op-Saal geschoben. Auch für mich eine Premiere. Denn klaren Verstandes habe ich das so auch noch nicht erlebt. Und bevor ich einschlafe, kommt der klassische Standart-Satz: „Fangt bloß nicht an, bevor ich eingeschlafen bin." Das ist immer meine größte Sorge, dass man an mir herumschneiden könnte und ich alles noch mitbekomme. Seitdem ich mit Herrn Crohn lebe und das sind jetzt 10 Jahre, ist das allerdings noch nie vorgekommen. Aber sagen muss ich es trotzdem vorher immer. Auf der Intensivstation nervt mich das Gepiepe des Überwachungs-monitors. Ein gutes Zeichen. Denn es zeigt, ich bin wieder wach. Und so dauert es auch nicht lange, bis ich wieder auf „mein" Zimmer kann. Normalerweise stehe ich mit Hilfe nach so einer Op immer recht schnell auf. Dieses Mal gibt es allerdings „Aufstehverbot". Bei einem Blutdruck von 80/50 ist da das Kloverbot gleich mit beinhaltet. Und ich hasse diese „Bettpfannen", denn ich denke immer, ich mache daneben und sobald ich drauf hänge, kann ich nicht mehr, obwohl meine Blase kurz vor der Explosion steht. Gefühlte Stunden später bin ich das Ding auch wieder los. Aber dieses Mal dauert es lange, bis ich aufstehen kann. Was mich auch schon wieder nervt, denn nach den letzten Operationen dieser Art war ich nach zwei bis drei Tagen wieder fit. Dieses Mal ist es nicht so. Jedes Mal, wenn ich aufstehe, dann wird mir schnell schwindelig. Ich sage es auch, aber ich, die Fallpauschale, wird dennoch entlassen. Mein Auto steht auf dem Parkdeck und die wenigen Kilometer bis nach Hause sollte ich hinkriegen. Aber weit gefehlt. Ich komme bis in die Tiefgarage meines Minijob-Arbeitgebers und schleppe mich bis dorthin, um meine Krankmeldung abzugeben. Und genau zwei Stunden nach Entlassung fährt mich ein Rettungswagen wieder in die Klinik, weil ich zusammengebrochen bin. Soviel zum Thema Fallpauschale. Nach einer weiteren Woche werde ich dann wieder entlassen, aber dieses Mal fühle ich mich wenigstens lebensfähig. Wenn einem manchmal die Ärzte doch nur glauben würden, wenn man sagt, irgendwas stimmt noch nicht.

Kommunikationsprobleme

Es gibt manchmal Situationen in Krankenhäusern, die mich einfach nur mit einem Kopfschütteln reagieren lassen. Wer 10 Jahre und länger mit Herrn Crohn lebt, hat sich zwangsläufig mehr als genug mit seiner Erkrankung beschäftigt und schläft ja nun auch nicht gerade mit der großen Zehe in der Steckdose oder ist mit dem Klammerbeutel gepudert. Und es ärgert mich immer wieder, dass man manchmal in der Klinik von Ärzten wie ein unmündiger Patient behandelt wird. Bei meinem letzten Aufenthalt fand ich es toll, dass eine Ärztin meinte, sie gibt mir recht, weil ich eine Antibiose vor der Abszessspaltung als total schwachsinnig und überflüssig angesehen habe. Weil sich in der Regel nach einer solchen Operation die Entzündungswerte im Blut superschnell zurückbilden und es für mich in dem Moment keine Notwendigkeit gibt, einer solchen Behandlung zuzustimmen. Obwohl der Infusionsständer mit dem Antibiotika schon neben meinem Bett stand, wurde er nicht angeschlossen und wieder weggenommen. Das fand ich super, weil sie der Meinung war, ich wüsste darüber wahrscheinlich mehr als sie, weil ich jahrelange mit meiner Erkrankung habe. Dann gibt es auch Ärzte, die von dem Thema Crohn nicht so viel Ahnung und/oder Erfahrung haben und bei denen jede Visite in einer Diskussion endet, bei der ich mich frage, ob das wirklich sein muss. Für mich ist es generell erst einmal nicht schlimm, dass sich ein Mediziner mit Herrn Crohn noch nicht so viel auseinandergesetzt hat, weil er ein wirklich weites Feld bietet und man als Patient nicht von jedem Arzt erwarten kann, diesbezüglich ein breit gefächertes Wissen zu haben. Schlimm finde ich dann Diskussionen, die auf einer Art Halbwissen basieren und nur weil sie etwas noch nicht gehört haben, das nicht sein kann. Und wenn sich dann Halbwissen mit einer gewissen Arroganz, wahrscheinlich basierend auf dem Wissen des Halbwissens, breitmacht, dann fühle ich mich nicht mehr gut aufgehoben und werde krötig. Anfangs haben mich viele Aussagen verunsichert, weil ich dachte, ich weiß viel zu wenig, habe mich zu wenig mit der Erkrankung beschäftigt und das hat mich unsicher gemacht. Bis ich gemerkt habe, dass jede chronisch-entzündliche Darmerkrankung so viele Gesichter hat und es nur sehr wenig Ärzte gibt, die sich auf diesem Gebiet wirklich auskennen.

Und dann gibt es ja noch die Krankenschwestern, die jedes Mal meinen vollen Respekt haben, weil ich deren Job niemals ausüben wollen würde. Jeden Tag eine derart schwere Arbeit zu leisten, sowohl körperlich als auch psychisch ist für mich eine Hochleistung, der man nur den größten Respekt zollen kann. Ich finde, man spürt immer, wenn eine Krankenschwester ihren Beruf wirklich mit Berufung ausübt. Ich glaube, nicht nur seit dem Straßenfeger „Schwarzwaldklinik" hat bis heute jede Station die eine Schwester, die ruppig ist und das Gegenteil von freundlich. Selbst das könnte ich ja immer noch hinnehmen, aber wenn es dann in der „Wir-Sprache" losgeht, dann fühle ich mich nicht nur minderbemittelt, sondern werde auch wütend. Bis dato haben mir darauf passende Antworten immer gefehlt. Aber ein leuchtendes Beispiel war mir eine ältere Dame, mit der ich einmal das Zimmer teilen durfte. Sie sollte einen Tag nach mir operiert werden und als die Schwester mit dem herrlichen Operationskittel und den unschlagbaren Strümpfen für sie ins Zimmer hineinstampfte und zu ihr sagte: „Nun, dann wollen wir uns mal schön für die Op umziehen", meinte sie nur lässig: „Na, dann fangen *Sie* doch schon mal damit an…" Ich musste so lachen, dass ich mir die Decke über den Kopf ziehen musste, weil Lachen und eine frische Wunde noch nicht so kompatibel waren. Und *den* Spruch werde ich mir merken, denn das Gesicht der Krankenschwester war unbezahlbar. Und zu meiner persönlichen nonverbalen Kommunikation zählen dann immer Schlaf-Shirts mit Lamas oder einem Faultier, auf dem dann steht: „Chill mal"…

„Warum bittest Du nicht um Hilfe?"

Das ist der eine Satz, auf den ich selbst nach 10 Jahren Crohn noch keine Antwort gefunden habe. Ich persönlich finde es sauschwer, um Hilfe zu bitten. Vielleicht weil ich mich selbst damit schwach fühle und das einfach nicht will. Vielleicht ist es einfach Stolz, alles immer alleine geregelt zu bekommen. Ich möchte einfach den anderen nicht belasten mit meinem Kram. Vielleicht weil ich schon seit so vielen Jahren „Einzelkämpferin" bin und das auch bei meiner Krankheit irgendwie durchziehe. Mir fallen auf Anhieb tausend Situationen ein, in denen ich Hilfe gebraucht hätte, aber nur eine Handvoll, in denen ich es wirklich getan habe. Gerade letzte Woche hatte ich die Diskussion – mal wieder – mit einem lieben Freund, der mich oft begleitet. Ich war die letzten Jahre für mein Ehrenamt oft in Deutschland und Österreich unterwegs. Meistens waren es Dreharbeiten für Fernsehformate. Jeder gesunde Mensch würde seine notwendigen Klamotten packen und mit dem Auto einfach losfahren. Nicht so ich. Krankheitsbedingt sage ich immer: „Ich reise mit kleinem und großem Gepäck." Meine Klamotten sind immer schnell gepackt und zählen damit zum kleinen Gepäck, aber das, was ich für den Notfall brauche, benötigt einfach mehr Platz und ist damit das große Gepäck. Infusionsflaschen samt Zubehör, Elektrolyte, Verbandmaterial,

Notfallmedikamente wie Cortison, etc. Das braucht alles jede Menge Platz. Verreisen jeglicher Art bedeutet für mich immer Stress. Viele hätten vielleicht Angst vor den Dreharbeiten oder der Aufzeichnung, was sie dort erwarten könnte. Nicht so bei mir. Fahrten bis 300 km kriege ich meistens noch irgendwie hin. Über 300 km fahre ich in der Regel nicht mehr alleine. Auf diesen Reisen war André immer mit. Für alle Fälle. Bis heute bekomme ich immer zwei Städte von ihm als Schlagwort hingeworfen. Salzburg und Hamburg. In Salzburg fand eine Fernsehaufzeichnung zum Thema Stalking statt und wir reisten am Tag vorher an. Nachts gegen halb zwei musste ich ihn wecken, weil ich innerhalb von wenigen Stunden so viel Flüssigkeit verloren hatte, dass ich schon total Gaga im Kopf war und mich wie eine Rosine gefühlt habe. Damit wären Dreharbeiten am nächsten Tag unmöglich gewesen. Bis 0.00 Uhr dachte ich idiotischerweise, ich krieg das alleine noch locker hin, was totaler Schwachsinn war, denn die Lage zeichnete sich schon Stunden vorher hab. Aber ich wollte ihn nicht wecken, er war schließlich derjenige, der die ganze Strecke gefahren ist. Nachts jemandem eine Nadel zu legen und die Infusion anzuschließen, ist das eine, sich genau deswegen dann so richtig Scheisse zu fühlen, dann das andere. Ähnlich war es in Hamburg. Sein Vorschlag war, sofort nach Ankunft die Nadel zu legen, um im Falle eines Falles gewappnet zu sein. Das habe ich so dermaßen weit von mir weggewiesen, weil ich ja gelernt habe. Im Nachhinein: Schlauer wäre es gewesen. Besser wäre es gewesen, wir hätten die Nadel rausgemacht und hätten sie nicht gebraucht als andersherum. Es ist immer das Gefühl, den anderen zu belasten, zu stören und immer das schlechte Gewissen, wenn ich mich denn überwunden habe. Und so ist es mit vielen Dingen. Wenn ich die Wohnung nicht verlassen kann, weil es mir zu schlecht geht, dann bitte ich nicht Freunde darum, für mich mal einkaufen zu gehen oder so, sondern halte mich dann irgendwie über Wasser, bis ich es selbst wieder tun kann. Vielleicht denke ich bis heute noch, ich bin mit der Erkrankung eine Zumutung für andere. Letzte Woche hat André einen Satz gesagt, der es mir aber in Zukunft leichter machen wird: „Kannst Du Dir vorstellen, dass es Menschen gibt, die Dir gerne helfen und genau dafür auch bei Dir sind?"

Entgegen aller Vorhersagen

Als ich vor fünf Jahren berentet wurde, musste ich nicht um meine Rente kämpfen wie so viele andere. Es war ein einziger Termin beim Gutachter, damit war es das für mich. In so vielen Bereichen. Es war für mich eine Art „Aus" und ich hatte das Gefühl von Entsorgtsein, nicht mehr gebraucht zu werden. Dass ich aus gesundheitlichen Gründen nicht mehr arbeitsfähig war, wollte nicht in meinen Kopf. Und ich weiß noch, wie lange es gedauert hat, bis ich den Zustand akzeptiert hatte. Zumindest halbwegs. Wenn ich in einem Schub war oder mal wieder zur Operation im Krankenhaus dachte ich, ja, es ist richtig so. Die Fehlzeiten kannst Du keinem Arbeitgeber mehr zumuten. Aber tief in mir konnte und wollte ich es nicht akzeptieren. Da ich von der Rente niemals hätte leben können, suchte ich mir damals einen 450 Euro Job und selbst mit beidem zusammen war das Überleben gar nicht so einfach. Es war irgendwie Leben am Limit und kein Mensch kann sich vorstellen, was man aus einem Bund Suppengrün alles zaubern kann. Aber ich hatte mit meinem Minijob zumindest wieder das Gefühl, gebraucht zu werden. Auch wenn es nur wenige Stunden in der Woche waren. Sich jeden Monat Sorgen um das Überleben machen zu müssen, bedeutete für mich auch Stress, was Herrn Crohn wiederum dazu veranlasste, mich weiter zu ärgern. Ich hatte keinerlei Rücklagen mehr und jeden Tag habe ich gebetet, dass nichts Größeres kaputtgeht, weil ich mir eine Neuanschaffung oder Reparatur gar nicht hätte leisten können. Die Prioritäten haben sich verändert, weil ich schon durch meinen Umzug gemerkt habe, wie wenig ich eigentlich wirklich brauche, um zufrieden zu sein. Obwohl sich mein Krankheitsverlauf nicht sehr verbessert hatte, war ich wild entschlossen, eines Tages wieder zur berufstätigen Bevölkerung zu zählen. Und ich habe es geschafft: Ich arbeite halbtags in einer Arztpraxis wieder in meinem alten Beruf und merke, wie gut mir das tut. Ich habe tolle Chefs und Kolleginnen, habe Umgang mit anderen Menschen und entgegen aller Vorhersagen verdiene ich wieder mein eigenes Geld. Ich frage mich heute noch, wie ich das überhaupt geschafft habe. Auch heute gibt es noch ab und an Fehltage oder Tage, an denen es mir nicht gut geht, ich aber trotzdem arbeiten gehe. Aber ich habe von Anfang an mit offenen Karten gespielt und beim Vorstellungsgespräch gleich gesagt, dass ich den Crohn habe. Und das der Verlauf doch irgendwie sehr „bunt" ist.

Die Pandemie bricht mir das Genick

Ich werde nie den Tag vergessen, an dem alles begann. Wir alle sind um den Anmeldetresen in der Praxis versammelt, selbst einige Patienten kommen aus dem Wartezimmer, um die Pressekonferenz live zu verfolgen. Der erste Lockdown wird gerade verkündet. Keiner von uns sagt ein Wort, weil uns die Worte fehlen. Es macht Angst. Uns allen. Schweigen und Betroffenheit. Was machen wir jetzt wie? Eine Kollegin fängt an, den Text zu entwerfen, damit wir im Falle einer Kontrolle die Straßen weiter passieren dürfen. Es wirkt alles surreal und fühlt sich an, als ob man plötzlich Darsteller in einem futuristischen Film ist. Der Lockdown verändert auch die Patienten. Sie werden fordernder, ungerechter und der Platz an der Anmeldung gleicht von Tag zu Tag mehr einem Pulverfass. Nette Worte und respektvolles Verhalten uns allen gegenüber rückt schnell in den Hintergrund und verschwindet bald ganz. Es wäre gelogen, wenn ich sagen würde, wir haben keine Angst davor, selbst krank zu werden. Wir wissen noch so wenig über die Erkrankung Corona, versuchen aber, uns bestmöglich zu schützen mit Anzügen, FFP2-Masken und Gesichtsvisieren. Die Telefonanlage glüht, wir fahren den Praxisbetrieb runter, oder versuchen es zumindest. Beim Einkaufen stehe ich zum ersten Mal vor leeren Regalen – und ich brauche wirklich Klopapier.

Es fühlt sich alles unwirklich an und ich hätte mir niemals vorstellen können, eines Tages kreuz und quer durch die Stadt zu fahren, um ein paar Rollen Klopapier zu ergattern. Wie in einem schlechten Film. Der Job wird jetzt wirklich anstrengend, es gibt Überstunden und der zunehmende Stress setzt mir zu. Psychisch mehr als physisch. Im Team verliert eine liebgewonnene Kollegin ihren Ehemann am ersten Tag ihrer Rente. Ein so herber Schicksalsschlag für sie, der uns allen zu schaffen macht. Für uns alle gibt es keine positiven Nachrichten mehr und ich frage mich, wie lange wir das alles durchhalten können. Jeder Tag wird zu einer Herausforderung, zu einer Schlacht, die geschlagen werden will und muss.

8. Juni 2021

Es ist der 8. Juni 2021. Als ich unter der Dusche stehe, bekomme ich plötzlich Schmerzen im rechten Unterbauch. Auf dem Weg zur Praxis werden sie schlimmer und schlimmer. Es ist morgens kurz nach sieben Uhr. Mittlerweile bin ich ziemlich früh in der Praxis, um die ganzen Vorbereitungen für den Tag zu treffen. Ich kann nicht mehr gerade stehen vor Schmerzen und bitte unseren Betriebsarzt, der zufällig da ist, um Hilfe. Mit Notarzt geht es von der Praxis ins Krankenhaus. Die ersten Patienten stehen schon vor der Tür, als ich mit der Trage aus der Praxis geschoben werde. Mit der Diagnose „akutes Abdomen" notfallmäßig eingewiesen zu werden bedeutet, dass etliche Ärzte schon in der Klinik auf mich warten. Es folgt ein CT vom Bauch, das Klarheit schafft. In meinem Bauch ist einiges „in Gange". Verschiedene Entzündungsherde zeigen sich. Endgültige Klarheit soll eine Magen- und Darmspiegelung ergeben. Dieses Mal bestehe ich darauf, ein anderes Abführmittel zu bekommen, als das mir bereits zu Genüge bekannte. Ich bin psychisch angeschlagen und ich hoffe, dass das Ergebnis nicht allzu dramatisch ist. Ich liege auf meinem Zimmer und denke über die letzten Monate nach. Wenn ich ehrlich zu mir selbst bin, dann brauche ich mich eigentlich nicht wundern. Es war zu viel. Viel zu viel. Zu viel Stress, zu viel

Negatives und es gab nichts mehr, das ich dagegen setzen konnte. Ab und zu hatte ich noch mal die Kraft für das Fitnessstudio, wollte mir selbst beweisen, dass ich das alles doch noch stemmen kann. Ich hoffe immer noch auf gute Nachrichten, als ich auf dem Tisch für die Spiegelungen liege. Als ich aufwache, bekomme ich nur Fetzen der Unterhaltung mit. Stenose, Vernarbungen, Entzündungen…Als ich wieder klar bei Verstand bin, läuft es mir kalt den Rücken herunter, als mir die Ärztin eröffnet, wie schlimm mein Darm vom Crohn befallen ist. Es gibt die erste Stenose, die leider entzündlich ist und somit nicht geweitet werden kann. Es gibt viele weitere Stellen, die von der Entzündung befallen sind und ich kann nicht mehr anders und fange an zu weinen. Weil ich nicht mehr kann und weiß, was jetzt folgen wird. Hochdosiert Cortison. Und ich erinnere mich an meine letzte hochdosierte Cortisontherapie, die für mich die Hölle war. Und jetzt das alles nochmal? Ich hab das Gefühl, dass ich innerlich Stück für Stück gerade am Zerbrechen bin. Mit 100 mg Cortison über die Vene wird die Therapie gestartet und es passiert genau das, wovor ich immer so eine Angst habe. Das Cortison schießt mich komplett ins Aus. Der Körper läuft auf Hochtouren und im Kopf fühle ich mich ruhiggestellt. 11 Tage bleibe ich in der Klinik und versuche, durch- und auszuhalten.

72

Zuhause fange ich an zu Nähen, weil ich das Gefühl habe, ich halte die Nebenwirkungen vom Cortison nicht mehr aus. Herzrasen, Schweißausbrüche, das Handtuch wird mein bester Freund. Ich zittere, als ob ich auf Entzug bin. Manchmal brauche ich mehr als fünf Minuten, um den Faden meiner Nähmaschine einzufädeln. Ich kann kein Auto mehr fahren, weil ich wie besoffen im Kopf bin. Aber ich will nicht aufgeben. Zwei Wochen später werde ich erneut mit dem Rettungswagen ins Krankenhaus eingeliefert. Ich trinke wie ein Kamel in der Wüste und bekomme das Durstgefühl nicht weg. Die nächste Panik macht sich in mir breit. Psychisch bin am Ende – körperlich auch. Herr Crohn gibt Ruhe, aber der Rest des Körpers randaliert. Wieder muss ich stationär bleiben, man vermutet, dass durch das Cortison mein Zuckerwert aus dem Ruder gelaufen ist. Bis zum Ergebnis des PCR-Tests darf ich das Krankenzimmer nicht verlassen und ich weiß nicht, wie oft ich klingele, damit mir das Pflegepersonal noch eine Flasche Wasser bringt. Sieben große Flaschen Wasser schaffe ich an diesem Nachmittag locker. Die Laborwerte sind glücklicherweise gar nicht soo dramatisch, dennoch muss ich noch einige Tage bleiben. Stimmungsmäßig bin ich unten. Ganz weit unten. Ich fühle mich, als wäre ich mit einem Schnellzug in einen Tunnel gefahren, von dem ich nicht weiß, wie lang er ist. Ja. Cortison kann depressiv machen. Und ich bekomme das erste Mal in meinem Leben ein Gefühl dafür, was Menschen mit Depressionen wirklich aushalten.

In der „Klapse"

Dieser Schub bricht mir psychisch das Genick. Ich bin mental auf meinem absoluten Tiefpunkt erreicht. Mein selbst auferlegtes Mantra: Ich schaffe das - ist zerplatzt wie eine Seifenblase. Das Tal ist so tief wie niemals zuvor. Ich halte noch irgendwie durch, habe aber keine Perspektive mehr, weil ich kein Licht am Ende des Tunnels sehe. Mein Lachen habe ich schon lange verloren und es gibt auch nichts mehr, das mich auch nur ansatzweise aufheitern könnte. Jeder Tag wird zur Qual. Ich bin jetzt Dank Cortison 49 Tage mit maximal drei Stunden Schlaf pro Nacht und fühle mich wie ein Zombie. Obwohl ich das Cortison schon herunterreduzieren konnte, ich komme aus dem Loch nicht mehr heraus. Ich habe von 24 Stunden etwa zwei bis vier halbwegs aushaltbare Stunden, das ist die Zeit von 4.00-6.00 Uhr. Bis ich die nächste Dosis Cortison nehmen muss und die Dauerschleife wieder beginnt. Immerhin bin ich nicht wie ein Hefekloß aufgegangen, aber auch nur, weil ich mir das Essen selbst reduziert habe und bei jeder Fressattacke Tee trinke. Würde ich das nicht tun und wäre jeder Heißhungerattacke erlegen, würde mir kein einziges Kleidungsstück mehr passen. Ich weiß nicht, wann ich das letzte Mal in meinem Leben so müde war wie jetzt. Geistig, körperlich und seelisch. Aber ich muss auch mental wieder auf die Beine kommen. Wie auch immer. Meine Chefin und Hausärztin weist mich in die nächste Klinik ein. Eine psychiatrische. Ich habe Wartezeit, aber aufgrund der aktuellen und akuten Lage, „nur" zwei Wochen. Die Wartezeit fühlt sich lange an. Aber ich werde Hilfe bekommen. Als ich mit gepackten Koffern vor der Anmeldung stehe, denke ich nur, das darf alles nicht mehr wahr sein. Ich weiß nicht, was mich erwarten wird, wie es weitergehen wird. Auch finanziell ist alles ein einziges Desaster. Ich bekomme 60% Krankengeld von meiner Halbtagsstelle und meine halbierte Erwerbsunfähigkeitsrente. Nach Abzug aller Kosten verbleiben mir knapp zehn Euro am Tag zum Leben. Und wie es beruflich mit mir weitergehen wird, steht auch noch in den Sternen. Tief in meinem Inneren fühle ich, dass ich nicht mehr werde arbeiten können. Auch wenn mein Kopf das noch lange nicht wahrhaben will. Ich bin einfach nur unendlich müde. Die letzten Wochen und Monate haben mich jegliche Kraft gekostet, die ich noch hatte. Irgendwie ist die Psychiatrie ja der letzte Ort, an dem man sich wiederfinden möchte. Aber alleine komme ich nicht mehr klar. Menschen in meinem Umfeld gehen sehr unterschiedlich mit der Tatsache um, dass ich nun erst mal in der Psychiatrie sitze. Wie lange auch immer. Einigen Menschen macht es selbst Angst. Meine Chefs und Arbeitskollegen haben kein

Problem damit, aber dafür andere. In dieser Klinik wird mir auch bewusst, wie groß die Vorurteile sind, wenn Menschen erfahren, dass man in der Psychiatrie ist. Glücklicherweise bin ich einer sehr kleinen Klinik mit gerade mal 60 Betten und sowohl das Pflegepersonal als auch die Ärzte gehen rührend fürsorglich und achtsam mit allen Patienten um. Wir alle sind nicht nur ein Fall, sondern ein Mensch mit allem, was uns ausmacht. Als ich auf mein Aufnahmegespräch warte, bin ich so erschöpft, dass ich kaum die Augen aufhalten kann. Während dem Arztgespräch kann ich nur noch sagen: „Ich glaube, ich sitze ganz schön in der Scheisse!" Der einzig zusammenhängende Satz, der Rest bleibt meinerseits einsilbig. Die nächsten Tage habe ich das Gefühl, ich lebe wie eine Raupe. Ich habe Gott sei Dank in der ersten Woche nur wenig Therapien –gefühlt bin ich nur am Schlafen und Essen. Aber auch für mich gilt: jeden Morgen um 6.45 Uhr ist Medikamentenausgabe und Melden im Pflegestützpunkt Pflicht. In den Therapien erkenne ich, dass mein großes Thema der Stress ist. Und mein Perfektionismus. Weil alles, was ich tue, nicht 99 Prozent, sondern 110 Prozent gut sein muss.

„Die Büchse der Pandora"

Dieses Mal habe ich das Gefühl, ich bin an meinem Crohn-Schub zerbrochen. An dem Ausmaß und der Therapie. Das ist aber noch lange nicht alles. Ich hatte immer wieder das Gefühl, Mr. Crohn meldet sich dann, wenn ich entweder großen Stress habe, nicht nur beruflich, sondern auch emotionalen. Ich kann mich nur schlecht abgrenzen, lasse viel zu viel zu nahe an mich heran. Nehme mir sprichwörtlich alles zu Herzen. In den Therapiegesprächen kommt nach und nach alles ans Tageslicht. Leider auch das, was ich viele Jahre mit Bravour verdrängt habe. Ich bin immer noch überzeugt, dass Mr. Crohn erst wirklich mehr Ruhe geben kann, wenn ich einiges wirklich aufgearbeitet habe. Erinnerungen an den ersten Schub kommen hoch. Als ich einen Stalker hatte und lange Zeit wirklich in Todesangst gelebt habe. Da hat sich mein Untermieter das erste Mal gezeigt in seiner übelsten Variante. Aber das habe ich ja in meinem ersten Buch ja schon erzählt. Und auf einmal öffnet sich die Büchse der Pandora. So viele schreckliche Erlebnisse offenbaren sich, emotional ist es für mich an manchen Tagen nur noch schwer zu ertragen. Ich fühle alle Gefühle der Welt gleichzeitig, Wut, Trauer, Schmerzen, Einsamkeit. All das von mir tief Vergrabene bricht aus und es ist manchmal schwierig, auch nur stundenweise den Deckel auf die Büchse zu bekommen. Ich will aber nicht weiter verdrängen, sondern aufarbeiten. Das bedeutet Traumatherapie und dass ich lange hier sein werde. Und Herr Crohn muss natürlich auch seinen Senf dazugeben, indem er sich verstärkt meldet. Je mehr es für mich an „das Eingemachte" geht, desto mehr meldet er sich zu Wort. Ja, seit seinem Einzug bei mir habe ich phasenweise kein besonders gutes Verhältnis zu ihm. Und je schlechter es meiner Seele geht, desto mehr macht er mir zu schaffen. Ich will die Traumatherapie aber nicht abbrechen wegen ihm, denn sonst hätte er wieder gewonnen, sondern in Absprache mit den Ärzten erhöhen wir das Cortison wieder auf 10 mg. Ich versuche es nicht, als Rückschlag zu werten, sondern als Chance, Herrn Crohn wieder etwas wortkarger zu bekommen. Letztlich bleibe ich drei Monate in der Klinik. Und ich hätte niemals gedacht, dass dieser Aufenthalt so lange werden könnte.

Läuse und Flöhe

Eingewiesen wurde ich mit der Diagnose Depression. Und das war auch richtig, denn zum Einweisungszeitpunkt wäre alles andere gelogen gewesen. Aber etwas anderes kristallisiert sich heraus. Ich habe letztlich das, was man unter der Abkürzung PTBS (Posttraumatische Belastungsstörung) kennt. Und das ist die Diagnose, mit der ich jetzt leben muss. Wahrscheinlich war der letzte Schub nur der Tropfen, der mein seelisches Fass zum Überlaufen gebracht hat. Es gibt in der Klinik Tage, an denen ich mich frage, wie ich damit im Alltag klarkommen soll. Oft reicht ein einziges Wort, eine einzige Erinnerung, ein Bild, ein Geruch, damit alles in mir aus den Fugen gerät. Ich habe jetzt zwar Werkzeuge in den Händen, was aber nicht bedeutet, dass mein weiteres Leben einfach werden wird. Immerhin hat das Kind jetzt einen Namen, wie man so schön sagt. Die drei Monate Therapie waren anstrengend, haben mich an alle Grenzen gebracht, die ich so hatte. Am Anfang hat mir die Akzeptanz gefehlt in jeder Hinsicht, denn wer will schon mit solchen Erkrankungen leben? Letztlich habe ich begriffen: je weniger ich das alles akzeptiere, desto schwerer wird es für mich. Wenn ich heute einen schlechten Tag habe, dann sage ich mir, es ist o.k. es darf sein. Es ist legitim und ich muss mich deswegen nicht abwerten. Und dann fällt es mir leichter, als wenn ich dagegen ankämpfe.

Mein neues Leben

Das Lieblingswort meines Arztes war „trotzdem".
Trotzdem ist das Leben etwas Wunderbares.
Trotzdem darf für mich auch wieder die Sonne
scheinen. Ich bin jetzt wieder zuhause und jeder
Tag erinnert so ein wenig an einen Balanceakt auf
einem Drahtseil, auf dem man das Gleichgewicht
halten muss, um nicht herunterzufallen. Im
Augenblick geht es mir soweit gut, Herr Crohn ist
sehr schweigsam geworden. Wir haben uns „neu"
arrangieren müssen. Ich höre jetzt mehr auf ihn als
vorher. Er zeigt mir sofort an, wenn ich mit mir
selbst über Grenzen hinausgehe. Also nicht wie
früher, wenn er gnadenlos zugeschlagen hat.
Sondern er murmelt eher. Ich habe auch
akzeptiert, dass ich wieder aus dem Berufsleben
draußen sein werde und dieses Mal werde ich nicht
aus falschem Stolz die Rente wieder aufgeben.
Zugegeben, Leben mit PTBS und Herrn Crohn ist
jetzt eine Konstellation, die alles andere als einfach
ist. Ich lebe mittlerweile sehr zurückgezogen, weil
mich draußen alles schnell „erschlägt". Aber ich
bin nicht mehr alleine, ich habe in der Klinik viele
wunderbare Menschen kennengelernt und es
haben sich Freundschaften entwickelt, die auch im
Alltag Bestand haben. Ich entspreche in vielen
Dingen mit Sicherheit nicht mehr der Norm, aber
letztlich: Wer bestimmt diese überhaupt? Am
Tagesende möchte ich zufrieden sein – mit mir

und dem gelebten Tag. Und ich muss mir passen und sonst niemandem! Ich bin immer noch neugierig auf das Leben, jetzt allerdings mit zwei „Begleitern" oder Untermietern.

Wunschliste

Wenn ich ein paar Wünsche frei hätte, dann würde ich mir wünschen, dass uns „Crohnis" etwas mehr Verständnis entgegengebracht wird. Auch wenn wir manchmal so gar nicht krank aussehen, bedeutet das lange noch nicht, dass es uns gut geht. Ich wünsche mir mehr Toiletten in Geschäften, weil es nicht wirklich witzig ist, an der Kasse dringend auf Toilette zu müssen und es gibt keine Kundentoilette. Ich wünsche mir, dass wir nicht immer und immer wieder erklären müssten, warum wir kurzfristig einen Termin platzen lassen, weil der Crohn gerade heute der Meinung ist, er muss uns ärgern. Ich wünsche mir, dass Gesunde verstehen, wie sehr uns der Crohn auch psychisch belasten kann, alleine schon durch sein Dasein und zusätzlich durch Medikamente, die wir nehmen müssen, um auch den nächsten Schub zu meistern. Wir alle sind so viel stärker als man uns ansieht!

Einfach Danke

Es gibt Menschen, die mich schon so viele Jahre begleiten und welche, die neu in mein Leben gekommen sind und es bereichern. Und es ist ganz bestimmt nicht leicht, mir „treu" zu bleiben, wenn manchmal jeder Tag einem Überraschungsei gleicht und ich selbst nicht mal weiß, was in ihm stecken wird. Danke, dass Ihr mich alle ertragt!!!

Ein großes Dankeschön geht an unsere wunderbare Gruppe, die sich in der Klinik gebildet hat. Auf einmal saßen wir alle in einem Boot, wie man so schön sagt, dann gemeinsam unter dem „Raucherbaum" und irgendwie haben wir uns gesucht, gefunden und bis heute täglich Kontakt. Ich bin nicht mehr alleine und das alleine trägt schon so sehr.

Ein Danke von Herzen geht an den Menschen, den ich in der Klinik kennenlernen durfte - durch Zufall und ein soziales Netzwerk. Wobei es bekanntermaßen ja keine Zufälle gibt.

Auch wenn ich mittlerweile sehr zurückgezogen lebe, freue ich mich über Feedback, Kritik, Anregungen oder einfach ein paar nette Zeilen. In der großen weiten Welt des Internets bin ich in den sozialen Netzwerken zu finden, ab und zu schreibe ich auch in meinem „Ingrid Becks Blog" zu dem ein oder anderen Thema, das mich gerade beschäftigt.